Collection
souris
noire

L'auteur

Stéphanie Benson est née à Londres en 1959 et y a vécu jusqu'à l'âge de dix-sept ans. Après des études de psychologie et de russe, elle quitte définitivement l'Angleterre et s'installe en France. Elle travaille comme éducatrice, devient maman trois fois de suite, puis, un jour, décide de raconter des histoires. D'abord pour adultes, parce que ses propres enfants sont encore petits, mais ceux-ci se mettent vite à exiger des polars eux aussi, y a pas de raison ! Alors la maman, obéissante et disciplinée, se met à la tâche...

Du même auteur

• *Cauchemar rail*
Syros/Souris noire
• *Une chauve-souris dans le grenier*
• *Un singe sur le dos*
• *Le Loup dans la lune bleue*
• *Les compagnons du loup*
• *L'Adoration des bergers*
L'Atalante
• *Crève de plaisanterie*
Baleine/Le Poulpe

Stéphanie Benson

L'Inconnue dans la maison

Illustration de couverture
Jacques Ferrandez

souris
noire

SYROS
jeunesse

Catalogage Électre-Bibliographie
Benson Stéphanie
L'Inconnue dans la maison. – Nouveauté. – Paris : Syros, 1998. –
(poche Souris noire ; 19)
ISBN 2-84146-540-3
Dewey : 811.5 : Albums et fiction. Romans. Aventures et voyages
Public concerné : Bons lecteurs (à partir de 12 ans)

1

Mes parents, tout le monde le dit, ont le cœur sur la main. De vrais anges, mais pas toujours très faciles à vivre.

D'ailleurs, si la plupart d'entre nous ont planqué leur palpitant bien à l'abri derrière la cage thoracique, voire sous des couches superposées de seins et soutien-gorge, ce n'est pas, à mon avis, pour rien. Sur la main, un cœur devient vulnérable, exposé aux intempéries et aux mauvais coups.

En tout cas, c'est ce que je me disais pendant que je croupissais, vaguement honteux, derrière les barreaux de la chambre de détention de la gendarmerie de Villefranche. En prison, quoi. Moi, Baptiste, quatorze ans, accusé de trafic de drogue ! Je vous rassure tout de suite, c'était un malentendu. J'étais aussi innocent que le bébé dans le ventre de sa mère. Mais, dès que je me mettais à l'expliquer au flic qui m'interrogeait depuis plus d'une heure, je butais sur le fait incontournable que, pour me sauver la mise, je devrais dénoncer Clo, et alors la machine à avouer s'enrayait. Je me taisais, le gendarme criait, je me mettais à pleurer parce qu'il me menaçait de dix ans de prison... Inextricable.

De toute façon, j'étais bien décidé à lui tenir tête. Je ne parlerais pas de Clo. Pas avant de l'avoir retrouvée, écoutée, comprise.

Clo.

Le début de toute cette galère.

La plus belle fille du monde.

Rien que d'imaginer son expression, si fière de moi quand je lui raconterais que j'avais résisté aux flics, je me sentais devenir fort, grand, invulnérable. Elle plisserait son petit nez fin et couvert de taches de rousseur, et ses yeux aussi verts que le lavoir en hiver se mettraient à briller comme des émeraudes au fond de la mer.

Par contre, si jamais je parlais d'elle aux gendarmes...

Elle ne m'adresserait plus jamais la parole, c'était couru d'avance. Silence, donc.

Motus et bouche cousue.

Je trouverais bien un moyen de m'échapper,

même si les barreaux de la cellule paraissaient plus solides que dans les films.

Je frissonnai, involontairement.

Rétrécis, redevins tout petit.

Pensai à Clo, pour me donner courage. Mais elle me semblait tout d'un coup tellement loin.

2

C'était la fin de l'été, à peine deux mois plus tôt. Le foin était rentré ; dans les champs, ne restaient que les vaches à brouter l'herbe desséchée par le soleil gourmand.

Le collège venait de reprendre : cartable à garnir et livres à plastifier. Cela avait donné la nostalgie à Maman, l'année dernière déjà. Au printemps, elle avait fait un pas de plus et décidé de reprendre son ancien métier d'institutrice. On lui avait promis un poste pour la rentrée. Aucun problème *a priori*, sauf pour servir l'essence. Ce qui fit jaillir la brillante idée de ces gens cœur-sur-la-main et prêts à tout pour aider leurs semblables :

– Si nous devenions famille d'accueil ? Si on hébergeait une jeune personne défavorisée qui, en contrepartie, nous aiderait à servir l'essence et tenir la compta ?

(La pompe, ce n'est pas trop son truc, à Maman.)

Ils en discutèrent pendant une semaine ou deux. Moi, j'étais contre. Mais ils se montrèrent très persuasifs :

– Ça te fera de la compagnie, Baptiste. (Maman.)

– Quelqu'un pour t'aider à faire tes devoirs. Nous, on n'est plus trop dans le coup. (Papa, récompensé par un regard noir de la part de Maman, qui mettait un point d'honneur à faire mes devoirs en même temps que moi et souvent ne réussissait qu'à m'embrouiller la tête.)

– Tu auras un aperçu de la vie en ville, de jeunes habitués à une autre façon de fonctionner. Peut-être que ça t'aidera à comprendre ta chance d'habiter la campagne. (Maman.)

– Ces jeunes-là ne peuvent pas toujours s'en sortir tout seuls. Ils ont besoin d'un coup de main. C'est le moins qu'on puisse faire. (Papa.)

– Il y a largement la place ici, depuis que Mamie est partie.

(Traduction : morte. Trois mois plus tôt.)

Elle n'habitait pas vraiment chez nous, Mamie. Elle avait sa propre maison à cinquante mètres de la station-service, mais tout à la fin, on lui avait aménagé une chambre à côté de la mienne, vu que sa maladie était devenue plus forte qu'elle. Après sa mort, on avait nettoyé la chambre, changé les meubles ; la vraie maison de Mamie était restée telle quelle. Personne n'avait envie d'y toucher, comme si c'était devenu un endroit sacré.

Enfin, les parents mirent le paquet, niveau arguments irréfutables.

Je cédai.

On eut droit à la visite d'une dame vêtue d'un tailleur écossais qui but son thé à petites gorgées et fuma cigarette sur cigarette.

Je ne fus pas convié à la réunion et dus me contenter de les espionner par la fenêtre sans me faire voir. Sans doute auraient-ils mieux fait de me mettre au courant dès le départ. Ils ont voulu me protéger, me préserver. La réalité, c'est qu'ils ont ainsi réussi à me faire passer pour un parfait imbécile et qu'en essayant de me rattraper, je me suis embarqué dans une histoire dont je ne mesurais pas les implications. La dame, après avoir bu son thé et fumé ses cigarettes, est partie, puis revenue quelque temps plus tard.

Avec Clo.

Première surprise.

Parce que, depuis le début, on ne me parlait que de « jeunes défavorisés ». Au pluriel. Que moi, j'avais automatiquement et sans réfléchir conjugué au masculin. Masculin de mon âge. Or, Clo était une fille. Une fille beaucoup plus fille que celles du collège. Une vraie fille, quoi, avec des seins et tout, et un petit air de ne pas y toucher.

Elle semblait tendue, en arrivant. Mes parents lui serrèrent la main. Moi, je dis « salut ! », de loin. J'essayais de prendre un air déçu, en fait, j'étais ravi. Un copain, pour jouer au foot, c'est bien, certes. Mais une vraie fille sous son propre toit, c'est autrement plus intéressant. Et quelle fille ! Ophélie Winter n'avait plus qu'à se rhabiller ! Clo était sans aucun doute la plus belle fille du monde.

L'accompagnatrice resta si longtemps que je crus qu'elle finirait par prendre racine. Elle décida enfin de partir dans sa 205 rouge, et mes parents firent visiter la station ainsi que la maison de Mamie à Clo avant de la conduire à sa chambre. J'en profitai pour réintégrer la mienne. Juste à côté. J'entendis la voix de ma mère.

– Quoi que tu aies pu faire avant, nous tenons à te faire confiance. Nous n'avons pas l'habitude de fermer notre pharmacie à clef, ni notre argent. Ici, tout est accessible. Ce sera peut-être difficile pour toi, mais nous sommes là pour ça. N'hésite pas à nous en parler.

Déjà, j'ai trouvé ça étrange. Pourquoi ma mère évoquait-elle des pharmacies fermées à clef ? J'aurais voulu lui poser la question mais, depuis le début de cette histoire de « jeunes défavorisés », j'avais le sentiment que quelque chose ne tournait pas rond. Et ce sentiment-là m'empêchait de poser la moindre question.

Bizarre comme les secrets font tache d'huile.

La fille murmura quelque chose d'incompréhensible, puis j'entendis ma mère s'éloigner.

J'entrebâillai ma porte. Mon cœur battait fort. À vrai dire, je n'avais pas une grande expérience en la matière ; je ne savais rien de la façon dont il fallait s'y prendre pour draguer une fille. Improvisation, donc.

Personne en vue, à moi de jouer !

3

J'ajustai ma casquette Dodgers que je portais à l'envers, tirai sur le pantalon de mon survêtement Adidas pour qu'il recouvre bien mes baskets Nike-Air, vérifiai l'effet d'ensemble dans la glace du couloir et frappai à la porte d'à côté.

– Ouais.

J'entrai, puis refermai derrière moi.

– Salut ! Moi, c'est Baptiste.

Elle me gratifia d'un rapide coup d'œil.

– Je le sais. On nous a présentés il y a moins d'une heure. T'as déjà oublié ?

Je reculai comme si elle m'avait giflé. D'ailleurs, elle ne m'aurait pas fait beaucoup plus mal en me déboîtant la mâchoire. Je n'avais pas trop l'habitude qu'on me parle sur ce ton-là. Je tentai une contre-offensive.

– Je te signale que t'es chez moi, ici. Tu pourrais faire preuve d'un minimum de politesse.

Elle se leva d'un coup, mains sur les hanches.

– Ça aussi, je le sais. T'en fais pas, je ne vais pas m'incruster dans ton petit paradis. Juste le temps de laisser refroidir la piste, et je me casse.

– Refroidir la piste ? m'étonnai-je. Quelle piste ?

– Je t'en pose des questions ? Allez, fous-moi la paix ! Je suis crevée, j'ai envie de dormir !

Furieux, les joues en feu, je quittai la chambre en claquant la porte.

Qu'elle aille se faire voir !

Le dîner fut plutôt tendu, malgré les efforts désespérés de mes parents pour arrondir les angles. Clo leva à peine les yeux de son assiette, et moi, je m'appliquai consciencieusement à garder le silence. Heureusement que la télé avait gardé le moral ! Clo ne toucha pratiquement pas à sa nourriture, j'avalai mon repas sans y prêter attention. Tout était normal, me disais-je, mais c'était faux. D'abord, mes parents n'avaient pas bu l'apéritif comme ils le faisaient en fin de journée. Il n'y avait pas eu de vin à table, non plus. Bizarre. Clo fumait comme un pompier, des Craven « A » qui me donnaient la nausée, et mon père ne disait rien, lui qui détestait la fumée. Bizarre, bizarre.

– J'aimerais aller dans ma chambre, dit-elle d'une voix guindée, le repas à peine terminé.

– Bien sûr, répondit ma mère. Tu n'as pas besoin de demander. Fais comme chez toi.

– Chez moi, je demandais la permission, rétorqua Clo en quittant la pièce, et je vis ma mère blêmir.

Je ne comprenais toujours rien, sentais quelque chose d'étrange dans le comportement de mes parents, mais quoi ? Est-ce qu'ils avaient peur ?

Ils fixaient la télé comme une bouée de sauvetage, et leur attitude, encore une fois, m'empêcha de poser les questions qui me brûlaient les lèvres. Je me sentais complètement déboussolé. Qui était cette fille étrange qui parlait à mes parents comme si elle leur en voulait ? Était-elle vraiment une parfaite inconnue, ou la connaissaient-ils déjà ?

Je m'isolai dans ma chambre dans l'espoir d'arriver à démêler un devoir de maths, mais j'avais la tête trop pleine de Clo. De quel droit m'avait-elle parlé de cette façon ? Qu'est-ce que je lui avais fait ? Pourquoi se sentait-elle tellement supérieure ? J'étais furieux et, en même temps, elle n'avait réussi qu'à aiguiser ma curiosité. Toute bêcheuse qu'elle était, elle n'en était pas moins belle. Je ramassai mon livre de maths et fis une nouvelle tentative d'approche.

Toc, toc !

– Quoi ?

– C'est moi, Baptiste. Je peux entrer ?

– Pour quoi faire ?

J'hésitai, puis décidai d'interpréter sa question comme un assentiment. J'entrai, donc.

– T'es bonne en maths ? demandai-je d'un ton enjoué.

– Non, vint la réponse cinglante. Je suis nulle en maths, et je suis fatiguée !

Elle était allongée sur le lit, tout habillée, et parlait plutôt au plafond qu'à moi.

– Tu ne veux pas y jeter un coup d'œil ?

– Non, je ne veux pas y jeter un coup d'œil et tu me déranges, dit-elle d'une voix monotone, sans relief. Une voix un peu morte.

– Pourquoi, je te dérange ? Tu ne fais rien du tout, insistai-je.

– Si, je réfléchis.

– Tu n'as qu'à réfléchir à mon problème de maths, alors, répondis-je et je lui posai le livre sur le ventre.

Je crus qu'elle allait me le jeter à la figure.

En fait, je pense qu'elle-même croyait qu'elle allait me le jeter à la figure. Son bras s'éleva, s'immobilisa, puis retomba.

– Tu ne veux pas me foutre la paix ?

On aurait dit qu'elle allait pleurer.

4

C'est marrant, la vie dans une station-service. Je ne me rendais pas trop compte au début ; j'y étais né, alors ça me semblait normal mais, en grandissant, j'ai compris que de voir les voitures s'arrêter puis s'en aller à longueur d'année faisait un drôle d'effet.

Une sorte de voyage perpétuel. Les gens viennent chez toi, font une halte, discutent le bout de gras un moment ; court quand ils sont pressés, long quand il fait beau et qu'ils ont le temps. En été, je traînais par là, lavais les pare-brise et me récoltais quelques pièces de dix francs. Parfois, je me sentais frustré. C'est dur d'être celui qui reste tandis que les autres s'en vont, comme un redoublant qui voit ses copains s'éloigner vers les classes supérieures. C'est sans doute ce qui m'a donné l'envie de voyager, de partir, moi aussi, sur les routes.

Les camions, surtout, attiraient mon attention. Ceux qui partaient en Espagne ou au Portugal, ou plus loin encore : l'Afrique du Nord, l'Italie, la Grèce, l'ex-Yougoslavie et les pays baltes. J'étais devenu spécialiste des plaques d'immatriculation ; je différenciais un numéro hollandais d'un allemand en un clin d'œil. Certaines plaques sont déterminées par la résidence principale du propriétaire, un peu comme les chiffres départementaux en France. Les Anglais, eux, affichent l'année de la première mise en circulation (sans doute pour les frimeurs qui veulent qu'on remarque leur voiture neuve). Des détails qui alimentaient mes rêves. Plus tard, je ferai un métier lié au voyage. Chauffeur routier, pourquoi pas, ou représentant. Papa me dit que je ferais mieux de devenir pilote d'avion si je veux voir le monde, mais moi, c'est la route qui m'intéresse. Voir le paysage se transformer lentement, kilomètre après kilomètre. Profiter du voyage lui-même, pas juste me braquer sur le but, l'ailleurs. Et puis, j'ai un peu le vertige.

Je pensais à tout ça en fixant la porte fermée de la chambre de Clo pendant que mes parents se noyaient dans la télé. Je pensais combien ce serait formidable de sillonner les routes du monde avec une fille comme Clo. Du point de vue physique, s'entend, parce que côté caractère, pour le moment, ce n'était pas le nirvana !

J'avais envie de tout, sauf de lui foutre la paix. Mais dans un premier temps, j'opérai un repli stratégique pour planifier la prochaine manœuvre. Je terminai mes devoirs, aussi, sans l'intervention de ma mère.

Puis je décidai de laisser tomber la conquête de Clo jusqu'au lendemain. J'avais quand même remporté une petite victoire : la dernière conversation était dépourvue d'insultes. Mes parents se manifestèrent pour le rituel du coucher, mais personne n'aborda le sujet de la pensionnaire trop proche, juste de l'autre côté de la cloison, et je m'endormis bercé par le rythme des questions sans réponse.

En pleine nuit, je me réveillai en sursaut. Tendis l'oreille. Qu'est-ce qui m'avait réveillé ? À part un chien qui aboyait au loin, tout paraissait calme. Je refermai les yeux, les rouvris. Impossible de me détendre. Quelque chose clochait.

Soudain, je compris. Au dehors, une lumière balayait ma fenêtre. Le rayon biseauté de phares en code. Je regardai le réveil : minuit moins quinze. Qui pouvait bien traverser la cour de la station-service en plein milieu de la nuit ? Les clients savaient très bien qu'on fermait à dix-neuf heures, un grand panneau noir et blanc l'annonçait. Peut-être une visite surprise ? Mais de qui ? Je n'entendais aucun son de voix, aucun bruit de moteur non plus.

Je m'enveloppai de ma robe de chambre et, tout en douceur, avançai, pieds nus dans le noir, jusqu'à la porte d'entrée. Que j'ouvris.

La nuit était douce et silencieuse à part le bruit mat des pneus de la voiture de ma grand-mère qui descendait, moteur éteint, la pente de la cour.

Je restai là, éberlué, à regarder s'éloigner la voiture avec, au volant, la silhouette fine aux cheveux noirs de Clo ! Elle passa devant les pompes, tourna sur la route goudronnée, s'immobilisa au carrefour, puis, enfin, mit le moteur en marche. Avant de s'éloigner dans la nuit.

Clo avait volé la voiture de Mamie ! J'avais encore du mal à le croire, malgré la preuve irréfutable qui venait de me passer devant le nez. « La poubelle », comme l'appelait mon père. Mais Mamie avait toujours prétendu que c'était largement suffisant pour ce qu'elle en faisait et que, de toute façon, elle se sentirait idiote au volant d'une voiture neuve, elle, une femme de la campagne. C'était une Ami 6, une vieille voiture angulaire comme on n'en fabriquait plus et que mon père avait montrée en détail à Clo tandis qu'il lui faisait visiter la maison de Mamie.

Il me fallut un moment pour retrouver l'usage de mes jambes, et même alors, je ne sus qu'en faire. Prévenir les parents ? Ç'aurait été logique, mais j'encourais la haine éternelle de Clo, sans parler de son départ immédiat de chez nous. Et juste au moment où j'avais l'impression d'avoir fait de grands progrès dans notre relation. Prévenir les gendarmes ? Encore moins, et pour les mêmes raisons. Il ne me restait logiquement qu'à attendre son retour et exiger des explications.

Je réintégrai mon lit.

Les minutes passèrent. Lentement. Plus lentement encore... Le silence s'était alourdi, pas le moindre petit signe lointain d'une voiture qui revient au berceau, aucun vrombissement de moteur ou hurlement de freins malmenés, rien.

J'entendis l'horloge de l'église sonner une heure du matin, puis une heure et demie, toujours rien. Qu'est-ce qu'elle pouvait bien faire ? Les yeux me piquaient à force de fixer le noir, je bâillais sans cesse. J'avais l'impression de flotter, par moments, alors je me levais et m'approchais de la fenêtre pour guetter son retour, mais Clo n'était apparemment pas pressée de revenir.

À la fin, et malgré tous mes efforts, je m'endormis, plongeai droit au fond de la piscine et y restai jusqu'au matin, au moment où mon père me repêcha en ouvrant les rideaux.

– Bien dormi ?

– Oui, mentis-je. Et Clo ? Elle a bien dormi ?

– Je crois, oui. Elle est sous la douche.

5

Petit déjeuner.

En passant dans l'entrée, je vérifiai : les clefs de la voiture de Mamie étaient à leur place, suspendues au porte-clefs. Je n'avais tout de même pas rêvé !

Je décidai de relever le kilométrage avant de partir à l'école.

Café au lait, tartines, beurre, confiture toute fraîche faite par Maman, c'est le repas que je préfère au monde. Cependant, ce matin-là, mon appétit manquait de vigueur. J'essayai d'étudier le visage de Clo, sans en avoir l'air. Pas une mince affaire, vu qu'elle était assise pile en face de moi.

– Tu veux ma photo ? chuchota-t-elle en profitant de l'absence momentanée de mes parents. Ses paroles me semblèrent moins agressives que la veille.

– T'es partie où, cette nuit ? répondis-je sur le même ton.

L'attaque la surprit. Elle marqua un temps d'arrêt, s'apprêtait à répondre... Ma mère revint dans la pièce et Clo replongea le nez dans son bol de café.

L'heure de partir au collège arriva sans que je parvienne à me retrouver en tête-à-tête avec elle. On s'observait, comme deux boxeurs dans l'attente du gong. Puis je ramassai mon cartable, embrassai mes parents et enfourchai mon vélo. Clo ne perdait rien pour attendre.

Au collège, les copains furent pour le moins impressionnés.

– Elle a quel âge ? s'enquit Ludo.

Je répugnai à avouer mon ignorance.

– Dix-sept.

– Et pourquoi a-t-elle atterri chez toi ? demanda Clément.

Les copains, c'est sympa, mais ça pose toujours les mauvaises questions. J'aurais voulu les faire baver avec des descriptions détaillées de son anatomie, et voilà qu'ils ne s'intéressaient qu'à ses origines et à ses éventuelles fautes de parcours. Et puis, vu que mes parents n'avaient pas cru bon de me mettre au courant, je ne pouvais même pas fournir de réponse ! En effet, pourquoi avait-elle atterri chez nous ? Je n'oserais pas lui demander ça alors que je venais de lui avouer être au courant pour la voiture de Mamie !

Je pris l'expression désabusée de celui qui a tout vu.

– Oh, des trucs habituels. Elle n'aime pas trop en parler.

Les autres hochèrent la tête d'un air entendu, et je partis en direction de la cantine.

La journée traîna ses basques comme l'écolier récalcitrant sur le chemin du bahut, puis la sonnerie de cinq heures nous libéra enfin et je courus vers mon vélo. Suivi par les copains.

Les copains, c'est vraiment sympa, mais ça ne sait pas comprendre qu'il y a des jours où on n'a pas envie de se les trimballer partout.

– Allez, Baptiste. On peut bien venir la voir, non ?

– C'est vrai, quoi ! Tu ne vas pas te la garder pour toi tout seul.

– D'abord, je suis certain qu'elle n'est même pas aussi belle que tu le dis.

– Si ça se trouve, elle est grosse avec des boutons partout et des cheveux gras.

– Et borgne !

Je laissai dire, bien décidé à ne pas répondre à la provocation, et me dépêchai de rentrer.

Clo se trouvait dans le bureau de la station-service en compagnie de ma mère. Quand elle n'était pas en compagnie de ma mère, c'était ou mon père ou les clients, à croire que le monde entier s'était donné le mot : empêcher Baptiste de lui parler.

Soir. Fermeture. Repas. J'avoue que je me sentais passablement crevé. Clo avait l'air en pleine forme. Je mangeai en quatrième vitesse, elle traîna, mangea peu, resta à table, tout sourire. La différence avec la veille était saisissante ! Mes parents jubilaient, personnellement, je trouvais ça louche. La belle refusa même de me regarder.

Je bâillai, pour la dixième fois en autant de minutes.

– Va te coucher, Baptiste, me dit ma mère, pleine de compassion. La journée a été longue.

J'obtempérai, difficile de faire autrement sans éveiller les soupçons, mais je souris intérieurement. Et pris le soin d'empocher les clefs de la voiture de Mamie en passant. Puisque je ne pouvais ni lui en parler ni la surveiller, la belle se passerait de ses virées nocturnes.

Je souriais encore au moment de m'endormir.

Je rêvai de Mamie, ça m'arrivait souvent. Sans doute parce qu'elle me manquait. Si elle avait été encore vivante, j'aurais couru chez elle, lui aurais expliqué la situation, et en trois phrases tout serait devenu lumineux. Mamie comprenait toujours tout, traduisait les phrases laconiques de mes parents en français de tous les jours, déjouait sans en avoir l'air mes peurs et angoisses d'enfant unique. Cette fois, je rêvai que nous étions chez elle. J'étais venu pour lui présenter Clo, mais la belle mystérieuse s'était cachée quelque part dans la maison et je n'arrivais pas à la retrouver. L'angoisse était telle que j'avais envie de pleurer, un vrai cauchemar. Puis Mamie arriva.

– T'en fais pas, va, me dit-elle. Avec les filles, il faut savoir se laisser désirer. Plus tu lui courras après, plus elle se rendra odieuse.

– Mais je ne sais même pas qui elle est ! protestai-je, les larmes aux yeux. Comment est-ce que je peux aimer quelqu'un que je ne connais même pas ?

Mamie sourit.

– À ton âge, on aime pour des tas de raisons merveilleuses, Baptiste, me répondit-elle d'une voix douce et pleine de compassion. Mais rarement pour les bonnes. C'est à la fois très douloureux et absolument magique, et tu n'y peux rien. Ça fait partie de l'adolescence.

Laisse-la venir à toi, tout en l'aimant, et petit à petit tu apprendras à la connaître. Peut-être à ce moment-là changeras-tu d'avis.

– Certainement pas ! m'écriai-je. Je l'aimerai toujours, je le sais !

– Bien sûr, mon enfant. On aime toujours pour toujours, jusqu'au jour où ça s'arrête, mais ce n'est pas ça l'important. Va te reposer à présent, elle se calmera tôt ou tard, ta princesse. En attendant, donne-moi les clefs de la voiture.

Je me rendis compte que quelqu'un me secouait.

– Baptiste ! Donne-moi les clefs !

La princesse.

Son visage était tout près du mien et sentait le parfum de ma mère. J'avais du mal à faire le tri entre la réalité et mon rêve. Je commençai à regarder autour de la chambre à la recherche de ma grand-mère, puis me réveillai tout à fait et me sentis horriblement triste.

– Allez, dépêche-toi, chuchota Clo. Je sais que c'est toi qui les as.

J'allumai la lampe de chevet, examinai ma montre : onze heures quarante.

– Pourquoi ?

– Parce qu'il faut que je sorte. Il y a quelqu'un que je dois voir, c'est extrêmement important.

– Demande à mes parents, alors, au lieu de piquer la voiture en douce.

Elle soupira. Sa respiration siffla comme un serpent.

– T'es con ou quoi ? Je n'ai pas le droit, c'est écrit dans le contrat.

Je m'assis, me frottai les yeux.

– Quel contrat ?

– Le contrat qui m'a sortie de prison. Le contrat passé entre le juge et le centre d'accueil. Le contrat que tes parents ont aussi signé, l'autre jour devant l'éducatrice. Selon le contrat, je ne dois pas sortir seule, surtout pas le soir et encore moins en voiture !

Je ne comprenais rien à son histoire. Ça devait se voir sur mon visage.

– Quel juge ? demandai-je d'une voix pâteuse. Quelle éducatrice ?

– Écoute, passe-moi les clefs, dit-elle d'une voix soudain adoucie. Je te promets de tout t'expliquer demain, mais là, il faut que j'y aille. C'est une question de vie ou de mort. Sois sympa !

Qu'auriez-vous fait à ma place ?

Je lui donnai les clefs de l'Ami 6, la regardai partir en direction de la maison de Mamie, la vis repasser devant chez nous, moteur éteint, l'entendis démarrer une fois arrivée au carrefour.

Je me recouchai, mais je ne dormis pas bien.

J'étais devenu son complice.

6

Le lendemain matin, impossible de la voir seule avant de partir à l'école. En me levant de table, au moment d'aller chercher mon cartable, je lui chuchotai :

– Alors ?

Mais mon père leva la tête et Clo m'ignora royalement.

La journée de collège fut encore pire que la précédente. La journée la plus longue de toute ma vie. La prof d'anglais nous annonça (en anglais, s'il vous plaît) qu'elle attendait un bébé. La prof de français nous annonça (en français cette fois) qu'au vu de comme on était partis, un quart seulement d'entre nous avait un espoir de passer en seconde. Le prof d'histoire-géo nous raconta un truc à dormir debout sur une de ses voisines à qui, lors d'un voyage en Chine, on avait servi son caniche en guise de plat de résistance. Il nous prenait vraiment pour des cons ! Une journée, somme toute, assez banale. Semblable à tant d'autres, si ce n'était sa longueur.

Puis ça sonna. Cinq heures, la course pour retrouver mon vélo, pédalage maximum jusqu'à la maison.

Devant les pompes à essence, personne.

Devant le garage, personne.

Dans le bureau, Clo. Seule.

Pas la peine de me le dire trois fois.

Je m'y précipitai.

Elle leva la tête du magazine qu'elle feuilletait d'un air rêveur.

– Alors ? C'est quoi ton explication ?

Pendant un instant, je crus qu'elle allait encore m'envoyer promener. Puis elle sourit.

– Assieds-toi, Baptiste, ça ne coûte pas plus cher.

Je le fis. En silence.

– Tu veux savoir pourquoi j'ai emprunté la voiture de ta grand-mère, c'est ça ?

– Je veux savoir pourquoi tu ne peux pas la demander à mes parents. Ils te la prêteraient, tu sais. On la prête à tout le monde. Elle sert souvent de voiture de secours pour les clients, le temps de réparer la leur. C'est pour ça que mon père ne l'a pas revendue.

Éclat de rire de la part de Clo.

– Qu'est-ce que tu peux être bête ! Mais

non, ils ne me la prêteraient pas. Et pour deux bonnes raisons. Une, parce que le contrat d'accueil qu'ils ont signé le leur interdit, comme je te l'ai dit. Deux, parce que je n'ai pas le permis.

– Mais t'as pas le droit de conduire du tout ! m'écriai-je avant de me rendre compte de la stupidité de ma phrase.

– Eh oui, soupira-t-elle. Voilà pourquoi je ne demande pas. Tu comprends à présent ?

Je fronçai les sourcils.

– Et qu'est-ce qui t'oblige à le faire, dans ce cas ? demandai-je. Moi, si je n'ai pas le droit de faire un truc, je ne le fais pas !

Elle plissa le nez en une grimace :

– Alors là, tu vois, ça m'étonnerait ! On fait tous des trucs qu'on n'a pas le droit de faire. Et mes raisons me regardent.

– Tu avais promis ! m'étonnai-je. Tu m'avais dis que tu m'expliquerais.

– C'est un secret. Je ne peux en parler à

personne. Je t'ai déjà expliqué tout ce que t'as besoin de savoir.

Elle regarda par la fenêtre, là où une voiture stoppait devant la pompe à gazole. Je vis mon père sortir de l'atelier de mécanique, tourner la tête en direction du bureau.

– Il y a du monde, observa-t-elle. Vite, sauve-toi !

J'inspirai très lentement. Si elle croyait pouvoir me traiter comme le dernier gamin sorti de sous les jupes de sa mère, il y avait maldonne sur la personne ! Je dis, d'une toute petite voix posée :

– Ou tu m'expliques, ou c'est moi qui explique. D'abord à mes parents, ensuite à la police. C'est clair ?

Elle s'était levée, se trouvait devant la porte, sur le point de sortir. Je la vis blêmir. Réfléchir.

– Ne bouge pas.

Lorsqu'elle revint dans le bureau, son visage n'était plus le même. Moins dur, moins méprisant. Elle mordillait l'ongle de son index droit.

– J'ai fait des trucs pas bien, lâcha-t-elle. Ce n'est pas vraiment ma faute. Tout le monde n'a pas, comme toi, une famille qui l'aime, qui a confiance en lui. J'étais bonne à l'école, puis un jour je me suis demandé à quoi bon. Ma mère était partie à Pétaouchnok avec un collègue de bureau, mon père ne vivait plus que pour son travail, et moi, j'ai commencé à fréquenter des gens qu'il aurait mieux valu éviter.

– Quels gens ? demandai-je, mais elle ne sembla pas m'avoir entendu.

– Bref, un jour un type que je connaissais à peine m'a balancée, les flics m'ont rattrapée, le juge m'a mise en préventive.

– En quoi ?

Cette fois, elle m'entendit.

– La détention préventive. C'est de la

prison que tu fais alors que tu n'as même pas été jugé et encore moins condamné, tu comprends ?

– C'est pas normal, murmurai-je, un peu perdu.

– Le juge prétend que c'était pour me protéger, mais entre-temps il a pris ceux qui étaient bien plus impliqués que moi. Eux, ils sont persuadés que je les ai balancés *because* j'étais soi-disant la seule à connaître l'adresse, et ils ont lancé un contrat.

– Un quoi ?

Je me sentais de plus en plus perdu. Entre les termes techniques et l'argot spécial de Clo, j'avais l'impression d'écouter une émission de radio en langue étrangère.

– Ils veulent me tuer.

Elle soupira.

– Et tout compte fait, je ne suis pas sûre de vouloir mourir.

Un silence s'installa dans le petit bureau qui sentait l'huile pour moteur et le désodorisant en forme d'arbre de Noël. Je tentai de rassembler mes idées.

– Enfin, je ne vois toujours pas pourquoi t'es obligée de prendre la voiture de mes parents, dis-je d'un ton buté.

Clo leva les yeux au ciel.

– Pour aller voir ma grand-mère, lâcha-t-elle, et je ne savais plus s'il fallait ou non la croire.

De toute façon, je n'eus pas l'occasion de la questionner davantage. Ma mère arriva, sourire jusqu'aux oreilles.

– Je commence demain ! annonça-t-elle à la cantonade. Remplacement maladie de quinze jours !

7

Plus tard dans la soirée, on eut droit de nouveau à la visite de la dame en tailleur écossais, l'éducatrice, d'après Clo, celle qui la surveillait pour le compte du juge.

Je fus expédié dans ma chambre, prétexte : les devoirs. Cette fois, le conciliabule ne dura qu'une petite heure et j'en profitai pour me remettre les idées en place. Ça faisait beaucoup en une seule fois. Clo sortait de prison ! Elle était poursuivie par des tueurs ! Elle conduisait la voiture de ma grand-mère sans permis, dans le but d'aller rendre visite à sa grand-mère à elle que le juge l'empêchait de voir ! Je me dis qu'il devait bien y avoir un moyen de l'aider, mais je ne voyais pas lequel.

Ma mère me rendit une visite de courtoisie.

– Alors, vous vous entendez bien, Clo et toi ?

– Ouais, répondis-je, laconiquement.

– C'est bien. Et l'école ?

– Mme Chevallier attend un bébé.

– Merveilleux ! Pour quand ?

Là, elle m'en demandait trop. Je n'avais pas encore compris le temps que ça mettait à pousser, un bébé. Neuf mois, m'expliquat-elle. Encore fallait-il savoir depuis combien de mois Mme Chevallier était enceinte parce qu'au début, paraît-il, ça ne se voit pas du tout. Le bébé est de la taille d'un petit pois, l'utérus de celle d'une orange, c'est vraiment minuscule, tout ça.

– Quand le gynécologue m'a annoncé que j'étais enceinte de toi, je ne l'ai pas cru, se rappela-t-elle. Tu avais déjà quatre mois, et je n'avais pas pris un seul kilo, j'avais toujours mes règles, c'était bizarre comme tout.

– Alors pourquoi aller voir le médecin ? coupai-je, étonné.

– Parce que j'avais très mal aux seins, répondit-elle en riant. C'était normal, pour une femme enccinte, le lait qui se préparait et tout, mais je n'avais même pas pensé que je pouvais attendre un bébé. Depuis le temps que ton père et moi essayions... Mais il est vrai que nous nous étions mariés très jeunes.

– Ah bon ?

Je ne le savais pas, ou alors je l'avais oublié. Ça me donna presque de l'espoir pour Clo et moi.

– Vous aviez quel âge ?

– J'avais dix-sept ans à peine, ton père dix-neuf. Ta grand-mère nous a permis d'habiter chez elle. Dès le début, j'aurais aimé avoir un enfant. Il faut croire que ce n'était pas le moment.

– Comment aurais-tu pu faire des études d'institutrice si t'avais eu un enfant ? demandai-je, intrigué.

– Je n'aurais sans doute pas pu me qualifier aussi vite, avoua-t-elle. Finalement, les choses se sont passées pour le mieux, mais j'étais persuadée que je n'aurais pas d'enfant. Et le plus drôle, c'est qu'en sortant de chez le gynéco j'ai commencé à être malade, alors que pendant quatre mois je n'avais même pas eu mal au cœur ! Le simple fait de me savoir enceinte a déclenché tous les symptômes que je n'avais pas eus !

Ça me fit du bien de parler de choses sérieuses avec ma mère. Plus d'une fois, pendant les silences, j'eus envie de lui demander des explications, des détails sur cette histoire de prison, de contrat d'accueil, de la mettre au courant, pour Clo, mais une chose m'arrêta chaque fois : le regard de mépris dont j'imaginais empreint le visage de la plus belle fille du monde, ainsi que les noms qui vont avec : cafteur, balance.

Ce soir-là, je n'emportai pas la clef de la voiture de Mamie dans ma chambre. Je me couchai et m'endormis longtemps avant que Clo ne se glisse derrière le volant. Ce soir-là, j'étais décidé à faire le plein de sommeil. À en emmagasiner, même, pour la suite. J'avais enfin un plan !

Le lendemain, c'était samedi. Pas d'école, donc. Grasse matinée. Je m'appliquai à me lever le plus tard possible pour ne pas croiser Clo dans la maison. Les questions qui me taraudaient étaient toujours aussi nombreuses. Qui était Clo ? Qui étaient ces gens qui voulaient la tuer ? Que faisait-elle chez nous ? J'aurais aimé pouvoir parler à son éducatrice, mais je ne savais pas comment le faire sans trahir le fait qu'il y avait un problème. Idem pour mes parents.

Je me douchai, m'habillai et fonçai chez Clément. Coup de bol, son père était là.

Le père de Clément est avocat. Je ne sais pas trop de quoi, parce qu'il paraît qu'il y en a de différentes sortes suivant le genre de problème légal. Droit pénal, droit commercial, droit international... c'est un peu comme les médecins, ils ont chacun leur spécialité. Moi, j'avais plutôt besoin d'un généraliste.

Clément me fit entrer, un peu étonné que je veuille parler à son père.

– Et en tête à tête, s'il te plaît.

Je fus introduit dans le bureau du paternel et invité à prendre un siège. Je m'éclaircis la gorge.

– Voilà, monsieur, ce que je voudrais savoir, c'est si on est au courant d'une pratique illégale et qu'on n'en dit rien, est-ce que c'est un crime ? Est-ce qu'on risque quelque chose, je veux dire ?

J'eus l'impression que le père de Clément se faisait violence pour ne pas sourire.

– La non-dénonciation d'une pratique criminelle, dit-il lentement, est condamnable à condition que la partie adverse puisse prouver de façon incontestable que vous aviez eu connaissance des faits. Et même alors, il est possible de plaider les circonstances atténuantes, c'est-à-dire des raisons valables vis-à-vis de la loi qui vous empêchaient de dénoncer la pratique illégale.

Je me demandai si le fait d'être amoureux de la criminelle pouvait constituer une circonstance atténuante. Ça me paraissait peu probable.

– Et si vous protégez un criminel en connaissant ses activités ? demandai-je d'une petite voix.

– Association de malfaiteurs, me répondit-il sans hésiter. Là, ça devient beaucoup plus sérieux. C'est la dernière étape avant la complicité.

Il hésita.

– Ces questions sont-elles purement théoriques, ou souhaiterais-tu m'entretenir d'une situation problématique ?

Je souris. Enfin, je tentai de sourire.

– Oh non ! C'est juste pour une rédaction.

– Une rédaction sur quoi ?

– Le titre c'est... euh... un truc concernant la loi. Un problème de conscience, mentis-je allègrement.

L'explication sembla le satisfaire.

Je restai une heure à discuter de banalités avec Clément, puis rentrai chez moi, pas beaucoup plus avancé.

C'est là que je me suis rendu compte combien ma grand-mère me manquait. Ma mère la disait sarcastique, mon père dépensière, mais moi, elle me faisait rire. Elle était plus réaliste avec ses airs loufoques que certains qui se prétendent sérieux mais qui ne réfléchissent pas pour autant. Elle ne se serait pas embarrassée de savoir si ce qu'elle faisait était légal ou pas. À partir du moment où elle avait décidé d'intervenir, elle allait jusqu'au bout. Je me rappelle le jour où elle avait accueilli chez elle un chien qui traînait au village. La pauvre bête, maigre au point qu'on pouvait lui compter les côtes, grelottait de froid. Mamie l'avait fait rentrer, l'avait nettoyé, nourri… Puis, quelques jours plus tard, le propriétaire avait débarqué, prêt à récupérer son bien. Mamie l'avait mis à la porte en moins de deux en lui disant qu'il aurait dû avoir honte de se présenter devant elle, étant donné l'état du chien.

Le propriétaire, un gros fermier aux joues rouges, avait battu en retraite, et Mamie avait gardé le chien. Elle l'avait baptisé Ali Baba parce qu'il volait sans cesse de la nourriture à la cuisine : elle disait qu'il valait quarante voleurs à lui tout seul.

Pas de doute, elle aurait tout de suite su ce qu'il fallait faire.

Mais je n'étais pas de taille à résoudre les problèmes de Clo. Ce qui ne voulait pas dire que je n'allais pas essayer.

Je ne trouvai pas un moment dans l'après-midi pour reprendre notre conversation de la veille, notamment au sujet des conneries, toujours aussi vagues dans ma tête, qu'elle aurait commises. Ma mère ne la quitta pas d'une semelle, lui expliquant comment tenir le livre de comptabilité, comment établir une facture. Clo faisait semblant d'écouter.

Je passai le temps à m'acquitter de mes devoirs d'école, mais plus la journée avançait, plus je me sentais tendu. Je me demandais si mon plan était si intelligent que ça, si je ne courais pas des risques insensés, et comment j'allais pouvoir tout expliquer à mes parents si jamais ça tournait au vinaigre. Enfin, la première étape était d'entrer en contact avec la grand-mère de Clo. Après, je saurais comment mener les négociations.

Au repas du soir, je fus incapable d'avaler autre chose qu'un yaourt, malgré le regard inquiet de ma mère, et fis semblant d'aller droit au lit.

Une fois dans ma chambre, je commençai les préparatifs.

8

D'abord, je me déshabillai et me mis en pyjama, des fois que les parents viendraient me souhaiter bonne nuit.

Puis je fouillai dans mon placard à la recherche d'un bonnet en laine foncé que ma tante m'avait offert lors du voyage scolaire en classe de neige. Je retrouvai également une paire de gants. Je préparai, sur une chaise, un jogging noir, de grosses chaussettes chaudes, des baskets, noires également, et un petit sac à dos dans lequel je fourrai un pull, une lampe de poche et mon portefeuille contenant cinquante francs. Pour finir, je me glissai sous la couette et tentai de me rappeler ce qui se passait dans les livres d'aventures que j'avais lus.

J'entendis mes parents aller se coucher, puis la porte de la chambre de Clo se fermer. Ce fut mon signal. Sans allumer la lumière, à la lueur des néons de la station-service, j'enfilai mes vêtements, endossai mon sac, et me glissai dans la nuit. Passage à travers champs pour rejoindre la maison de Mamie et la voiture que Clo avait soigneusement remise dans son garage, quelque quarante-cinq kilomètres de plus au compteur.

La voiture de Mamie, c'est comme un break. Dans le coffre, un vieux duvet lui servait à dissimuler les courses quand elle se garait en ville, des fois qu'un voleur serait en manque de yaourts ou de corn flakes. Je grimpai dans le coffre et me cachai sous le duvet encore imprégné de l'odeur d'Ali Baba, en laissant juste dépasser mes yeux et mon nez.

Clo devait avoir l'habitude de marcher en silence, car je ne l'entendis même pas approcher. Tout d'un coup, la portière du conducteur s'ouvrit, elle se pencha pour desserrer le frein à main, donna une petite impulsion à la voiture et se glissa au volant. L'Ami 6 se mit à descendre la pente du garage, puis celle de la route. Dépassa les pompes à essence et arriva au carrefour. Ensuite, j'entendis le bruit du moteur. Trop tard pour changer d'avis.

Je me mis à genoux, puis remontai la tête au niveau de la banquette arrière pour me rappeler le trajet. J'étais là, comme un voleur, dans la voiture de ma propre grand-mère !

Clo engagea l'Ami 6 sur la route de Villefranche-de-Rouergue et fila tout droit. Je connaissais bien la route. On la prenait au moins une fois par semaine pour aller faire des courses, et un peu moins souvent pour la bibliothèque. Avec Mamie, j'allais aussi parfois le jeudi matin au marché, quand il n'y avait pas école.

Clo conduisait vite. Plus vite que ma mère, en tout cas, mais ce n'était pas une référence. Plus vite que Mamie, aussi, mais elle ne voyait pas très bien les derniers temps et ne dépassait plus le soixante à l'heure.

J'avais des crampes aux jambes, n'osais pas bouger de peur de me faire repérer, alors je serrai les dents. Dix-huit kilomètres dans les genoux !

Arrivée à Villefranche, Clo se gara sur le parking de La Poste et descendit. Elle traversa la route et se dirigea vers la rue Prestat. J'ouvris la portière arrière, me glissai hors de la voiture et me mis à sa poursuite.

Les cloches de la collégiale sonnaient les douze coups de minuit, mais on était samedi soir et les rues de la ville étaient plus animées que je n'aurais cru. Je commençai à regretter le bonnet et les gants, je devais avoir l'air d'un explorateur fraîchement débarqué du pôle Nord qui ne s'était pas rendu compte du changement de climat.

Je gardai Clo en ligne de mire et me faufilai de ruelle en devanture de magasin, de porte cochère en rue transversale, tout en essayant de me couler dans l'ombre. Si Clo se retournait, j'étais cuit !

Mais elle ne jeta même pas un vague coup d'œil en arrière, et j'en fus presque déçu. J'avais pensé qu'elle me sentirait derrière elle, comme une pression sur sa nuque. Elle ne semblait préoccupée que par sa destination.

On traversa ainsi la place de la Collégiale, là où se tenait le marché, puis Clo tourna à droite dans la rue de la République et commença à descendre vers la bibliothèque.

J'étais de plus en plus mal à l'aise. Ce n'était pas ce que j'avais prévu. J'avais pensé me retrouver devant une maison isolée en pleine campagne et devoir rentrer par une fenêtre à l'arrière pour trouver Clo dans les bras de sa grand-mère. J'y avais cru, à cette histoire de grand-mère. Je m'y étais accroché. J'étais en train de déchanter. Avec toute la bonne volonté du monde, j'avais du mal à croire que Clo allait retrouver sa grand-mère dans un piano-bar.

Elle entra dans le bar sans la moindre hésitation, et je courus les cinquante derniers mètres pour pouvoir jeter un coup d'œil par la vitre. Clo salua les clients comme si elle les connaissait de longue date, embrassa le barman. Puis, elle alla s'installer au fond de la salle, à une table où attendait un type dont je ne devinais que l'arrière de la tête.

C'était un homme, j'en étais sûr, ce qui fit monter en moi un long frisson de jalousie.

J'aurais donné à peu près n'importe quoi pour être à sa place.

En attendant, j'avais un problème. Je ne pouvais rester trop longtemps dans la rue sans attirer l'attention, je ne pouvais guère entrer dans le bar commander un lait-fraise, et si je partais, je risquais de perdre de vue notre belle pensionnaire. Après tout, elle faisait peut-être juste une halte avant d'aller retrouver sa grand-mère.

Je n'étais pas loin de la vérité. À peine trois minutes plus tard, Clo sortit en compagnie du type.

Je m'accroupis derrière une voiture et les observai. Lui, surtout. Il était plus âgé que je ne l'aurais imaginé, habillé d'un costume trois pièces. Avait même quelques cheveux gris. Il paraissait plutôt sérieux, un peu dans le style directeur de banque.

Je leur laissai prendre un peu d'avance, puis me mis en route derrière eux, ombre légèrement détachée par rapport à leurs silhouettes.

Ils n'allèrent pas très loin. Dans une petite rue, devant une porte en bois, ils s'immobilisèrent. L'homme sortit un trousseau de clefs, s'effaça pour laisser passer Clo, puis entra à son tour. Lorsque je parvins à hauteur de la porte, elle s'était refermée. Seul indice, la plaque de bronze où des lettres gothiques indiquaient :

Martin ROULEZ-BOULEZ
Gynécologue
Consultations sur rendez-vous

Je contemplai la plaque d'un air idiot. Elle n'allait quand même pas chez le médecin à minuit et quart !

9

Et pourquoi pas, en fin de compte ? C'était peut-être lui qui s'occupait de la grand-mère de Clo. Je me calai en face de la porte, coincé derrière une R5 bleue, bien décidé à percer le mystère.

Clo ressortit seule, quelques minutes plus tard, munie d'un sac en plastique, et se dirigea vers la place de la Collégiale. Elle semblait fatiguée, à présent, marchait beaucoup moins vite qu'à l'aller. Je la suivis de loin, toujours le même manège, le cœur battant la polka de peur de me faire repérer. Je n'avais rien appris du tout, je me trouvais même assez minable. Qu'avais-je espéré découvrir ?

Tout d'un coup, Clo s'arrêta, sembla vaciller, puis vomit dans le caniveau.

Soudain, je compris. Les paroles de ma mère revinrent en tourbillonnant dans ma tête : gynécologue, grossesse, nausées...

Clo était enceinte !

Pour une raison ou pour une autre, il ne fallait pas que ça se sache. Peut-être que le père du bébé était en prison, lui aussi, peut-être faisait-il partie des gens qui voulaient la tuer. Peut-être même était-ce à cause du bébé. Je me rappelais avoir entendu mes parents parler d'une voisine qui n'avait pas pu garder son bébé parce que le père n'en voulait pas, ou un truc comme ça. À bien y réfléchir, je ne savais plus si c'était le père de l'enfant ou le père de la voisine, mais bon.

Et alors une autre idée m'envahit la tête comme un gros nuage noir. Clo était sûrement amoureuse de quelqu'un d'autre !

Ce fut comme une tempête qui balayait tout sur son passage. Une horrible envie de crier, de frapper, n'importe qui, juste pour équilibrer la douleur dans ma tête.

Qui s'évanouit d'elle-même aussi vite qu'elle était venue. C'était ridicule. Si Clo était amoureuse, elle ne tenterait pas de cacher sa grossesse. Au contraire, elle l'afficherait avec fierté, comme Mme Chevallier.

Non, elle devait fuir le père du bébé, devait avoir peur qu'il le lui enlève. Ça expliquait ses mauvaises humeurs, ses larmes et tout ça. Elle devait se sentir tellement seule !

Alors je pris une décision. J'allais l'aider. Elle avait besoin de quelqu'un pour s'occuper d'elle et du bébé, quelqu'un qui l'aimait. On ne pouvait pas encore se marier, et je ne me voyais pas vraiment dans le rôle d'un père de famille, mais ma mère s'occuperait du petit, elle serait ravie. Ce serait comme d'avoir un petit frère ou une petite sœur pour moi, et Clo resterait chez nous.

Il fallait que je lui parle, que je lui explique qu'elle n'avait plus rien à craindre !

Elle avançait en titubant, en se tenant le ventre. Ça faisait mal, un bébé qui poussait ? Je n'avais pas pensé à le demander à ma mère. Mme Chevallier, en tout cas, n'avait pas l'air de souffrir.

Je me mis à courir à petites foulées pour la rattraper, mais ce n'était pas la peine. Elle s'arrêta, se plia en deux et vomit à nouveau.

Là, je ne réfléchis plus. Je piquai un sprint.

– Clo ? Ça va ? T'es malade ? C'est le bébé ?

Quand elle me regarda, c'était comme si elle me voyait pour la première fois de sa vie. Son visage était bizarre, ses yeux encore plus.

Elle était aussi blanche que les vampires dans le film *Dracula.* Aussi belle, également.

– Baptiste ?

Sa voix semblait venir de très loin, j'avais l'impression d'évoluer dans un rêve. Le sien.

– Donne-moi ton sac, dis-je alors qu'elle était de nouveau secouée par un haut-le-cœur.

– Non ! Ne touche pas à ça !

Je tentai de m'éloigner avec le sac.

– Donne-moi ça, t'es malade ! dis-je en haussant le ton. Je vais t'aider, tu n'auras plus à t'inquiéter. Je m'occuperai de toi et de ton bébé aussi.

– Mais lâche-moi ! Fiche le camp ! Fous-moi la paix !

Elle criait à présent, les yeux exorbités.

– Donne-moi ce sac, Clo, répétai-je. Laisse-moi le porter, tu n'es pas en état.

Ni l'un ni l'autre, nous n'entendîmes s'approcher la voiture. Ni l'un ni l'autre, nous ne vîmes descendre les gendarmes. Tout d'un coup, il y eut ces deux hommes habillés de bleu à côté de nous, et juste à ce moment-là, le sac en plastique éclata, déchiré en deux à partir des anses, et arrosa le trottoir d'une pluie de petits sachets blancs.

Que je fixai, stupéfait. C'était quoi, ça ? Un médicament ? Des vitamines ? Mais... ça avait tout l'air d'être de la drogue ! Deux flics étaient venus faire de la prévention au bahut en début d'année, nous avaient montré ce genre de sachets. Je regardai les paquets d'un air ébahi.

Clo fut la première à réagir. Elle détala comme un lapin avant que les gendarmes aient esquissé un geste. L'un deux se mit à la poursuivre, mais il était parti avec trop de retard pour pouvoir la rattraper.

L'autre me saisit le bras fermement, mais je ne pensais même pas à me sauver. Je ne comprenais strictement rien. Le gendarme me regarda, plutôt gentiment.

– Qu'est-ce qui se passe ici ?

Je ne répondis pas. Je ne savais pas moi-même ce qui se passait, je pouvais difficilement lui répondre.

– T'es qui, toi, accoutré comme ça ? insista-t-il.

C'est là que je décidai vraiment de me taire. Je n'avais aucun papier sur moi, juste mon portefeuille avec un peu d'argent. Si je leur disais mon nom, ils appelleraient mes parents, qui constateraient la double disparition de Clo et de la voiture. Clo serait condamnée pour conduite sans permis, sans parler des petits sachets blancs, et ce serait la fin de tout. Si je ne disais rien, elle aurait au moins le temps de se sauver, de rentrer chez nous se mettre au lit et d'être en position de nier sa présence à Villefranche. Alors, je me tus. Le mystère de sa visite chez le gynécologue et celui des petits sachets blancs était peu de chose en comparaison. J'aurais largement le temps d'y réfléchir plus tard. D'y réfléchir et de découvrir la vérité. En attendant, le plus important était la sécurité de Clo, et je pensais être en mesure de la lui garantir.

L'autre gendarme revint en soufflant comme un train à vapeur.

– Je l'ai perdue, déclara-t-il en essayant de maîtriser sa respiration affolée. Elle court comme une gazelle, celle-là. Alors, qu'est-ce qu'on a pris dans le filet ?

L'autre haussa les épaules.

– Un gamin qui ne parle pas, et ça.

Il fit un geste de la tête en direction des paquets blancs qui attendaient patiemment que quelqu'un les ramasse. Le second gendarme s'exécuta.

– Tu l'as bien vue, toi, la fille ? demanda le premier.

– Rien du tout. J'ai seulement aperçu des cheveux courts, plutôt foncés. Et toi ?

– Pareil. Enfin, pas mieux. Va falloir que le petit nous aide. Alors, qu'est-ce que c'est ?

Le second gendarme avait ouvert un des

petits paquets blancs. Il leva la tête, très sérieux, tout d'un coup.

– En tout cas, ce n'est pas de la farine.

Ils me passèrent les menottes et me firent monter dans la voiture, sur la banquette arrière. Gendarme numéro deux se glissa à côté de moi. Direction la gendarmerie.

Un autre gendarme, sans doute un supérieur, entra dans la pièce où ils m'avaient installé, menottes aux poignets.

Interrogatoire en règle.

Lui : Alors ? Tu veux bien m'expliquer ce que tu faisais avec deux kilos d'héroïne dans un sac en plastique ?

Moi : Silence étonné.

Lui : Tu sais ce que c'est, l'héroïne ?

Moi : Silence interrogateur.

Lui : C'est une drogue. Une drogue prohibée par la loi. Le simple fait d'en avoir sur soi te rend passible de prison. Tu comprends ?

Moi : Silence obstiné.

Lui : Si tu refuses de parler, j'appellerai le procureur, et un juge d'instruction viendra t'inculper de possession et de trafic d'héroïne. Deux à dix ans de prison.

Moi : Silence larmoyant.

Lui : Bon, commençons au début. Tu vas me donner ton nom, ton adresse et ton numéro de téléphone pour que je puisse contacter tes parents. J'imagine que tu as des parents ?

Moi : Silence embarrassé.

Lui : Tu ne veux rien dire ? Très bien, on va attendre encore un peu.

Ils m'enfermèrent alors dans la salle de détention, derrière les barreaux, et puis on recommença. Questions, silences, menaces, larmes.

Nuit sans fin.

À quatre heures du matin, je leur dis mon nom.

Puis, à l'aube, arrivèrent mes parents.

10

Ils avaient la tête de gens réveillés en plein cauchemar, et j'eus honte au-delà de tout ce qu'on peut imaginer. Ils ne méritaient pas ça. Mais que faire d'autre ?

On se regarda, les barreaux de la cellule se brouillèrent devant mes yeux comme des Carambars sous la pluie.

Je murmurai quelque chose dans le genre que j'étais désolé, que je n'avais pas voulu que ça arrive, mais que je ne pouvais rien dire.

Le gendarme poussa un long soupir bruyant.

– Vous ne voyez pas qui ça peut être, cette jeune fille ? demanda-t-il à mes parents.

– Je vous ai dis que je ne la connais pas ! intervins-je sans qu'ils aient le temps de répondre.

– Il y a bien une jeune fille chez nous, dit ma mère d'une voix dubitative, mais elle est endormie dans sa chambre. J'ai dû lui laisser un mot, je n'arrivais pas à la réveiller. Et je ne vois pas comment elle aurait fait pour venir en ville et repartir en pleine nuit.

– Et comment tu as fait, toi ? demanda le gendarme en me regardant.

– J'ai fait du stop, répondis-je tandis que mon père levait les yeux au ciel.

– Mais pour quoi faire ? demanda-t-il en secouant la tête de confusion. Qu'est-ce qui t'a poussé à faire du stop en pleine nuit ? Et qu'est-ce que c'est cette histoire de drogue, Baptiste ?

Je me tus. Je m'embourbais dans mes mensonges. C'était horrible, j'avais l'impression de me noyer, étouffement, asphyxie lente... Je me remis à pleurer.

– Je suis désolé, disait le gendarme, mais il va falloir avertir le procureur. Si vous voulez bien m'accompagner, il y a quelques formulaires à remplir, puisqu'il s'agit d'un mineur...

Ma mère avait l'air d'avoir reçu un coup de couteau dans le dos, mon père paraissait soûl de douleur. Je m'en voulais à mort de leur faire mal comme ça, mais je ne voyais pas d'issue... Le procureur allait être mis au courant.

Sauve-toi, Clo! pensai-je de toutes mes forces. *Je finirai par tout leur avouer, je ne pourrai pas tenir longtemps! Sauve-toi avant qu'il ne soit trop tard!*

Tout d'un coup, je me rendis compte que la porte de la cellule était entrouverte. C'était maintenant ou jamais !

Je me suis retrouvé dans la rue avec le sentiment de porter le monde sur mes épaules, sonné mais avec une énergie d'enfer. Pour le moment, mes parents n'avaient fait aucun recoupement. Mais ils finiraient par dire un mot de trop, par parler de « jeunes défavorisés », les gendarmes feraient le lien. Je devais tout débrouiller tout seul, et vite !

Tout en courant, je mettais un peu d'ordre dans mes pensées. Le sac que Clo avait récupéré chez le gynécologue contenait bel et bien de la drogue. Alors pourquoi un médecin respectable, avec pignon sur rue, donnerait-il de l'héroïne à une jeune fille qui devait cacher sa grossesse de peur de se faire tuer ? Réponse : pour qu'elle la vende ! Clo n'avait certainement pas de quoi se payer les services d'un spécialiste, il devait l'obliger à vendre de la drogue en contrepartie des consultations. Ou en paiement de son silence ? Si ça se trouvait, ce toubib était en fait un maître chanteur !

Le salopard.

Je me retrouvai devant la plaque en bronze avec une haine qui me faisait vibrer la tête. Je repris mon souffle. Un gros tambour battait la chamade derrière mes tempes, une douleur qui m'emprisonnait la nuque. Je crois que, si j'avais pu mettre la main sur une arme, je n'aurais pas hésité à tirer. Je m'approchai de la porte en bois et appuyai sur la sonnette.

Ce fut l'homme que j'avais aperçu la veille qui ouvrit la porte. L'air endormi, il avait juste passé une robe de chambre sur son pyjama.

– C'est au sujet de Clo, dis-je d'une voix très froide. Vous savez, la fille que vous obligez à livrer votre saloperie de drogue.

Le Dr Roulez-Boulez eut l'air affolé.

– Qu'est-ce que tu racontes ? demanda-t-il.

Je poussai mon avantage. La migraine, le sien. J'avais envie de vomir à mon tour.

– D'abord, j'exige que vous alliez vous dénoncer à la police. D'autre part, vous ne chercherez plus jamais à reprendre contact avec Clo. Si vous ou vos tueurs touchez à un cheveu de sa tête, je vous dénoncerai à la police sans hésitation. Et vous ne direz pas un mot concernant le bébé, ou alors je vous tuerai personnellement.

– Police ? Tueurs ? Bébé ? C'est quoi ce délire ?

Il semblait tellement sincère que j'eus un moment de doute. Je m'approchai de lui, mais je ne savais plus quoi faire. Il me regarda longuement.

– Bon, entre, dit-il soudain. Avant d'aller dire quoi que ce soit à la police, il va falloir qu'on s'explique tous les deux.

On monta deux escaliers recouverts d'une épaisse moquette rose saumon, puis le médecin me fit pénétrer dans une pièce où un canapé en cuir blanc disputait la vedette à un coin cuisine tout en marbre noir.

– Tu veux boire quelque chose ? me demanda-t-il. Chocolat chaud ? Café au lait ?

– Pour que vous y glissiez un somnifère avant de vous sauver au Mexique ? m'écriai-je. Non, merci !

Il eut un léger sourire, un peu triste.

– Eh bien, moi, j'ai besoin de boire un café à cette heure-ci. Mais tu auras peut-être plus confiance en moi quand je t'aurai tout expliqué. D'abord, est-ce que tu sais ce qu'est un toxicomane ?

Une demi-heure avait passé, toute une vie, en fait. Je frissonnai, refusai encore d'y croire.

Non, pas Clo ! Pas la plus belle fille du monde !

Ce que Roulez-Boulez m'avait décrit était une sorte de zombie, qui avait troqué son âme contre le paradis vite perdu de la drogue. Il m'avait dressé le portrait d'une fille prête à tous les mensonges pour obtenir par n'importe quel moyen la seule chose qui avait de l'importance pour elle : sa drogue. Clo était une droguée, une toxicomane. Elle ne pouvait plus vivre sans sa dose quotidienne d'héroïne. Si elle manquait une piqûre, si elle ne trouvait pas de médicaments équivalents, c'était le manque, des douleurs intolérables, comme une grippe intestinale multipliée par dix, vingt, cent, la pire douleur qu'on puisse imaginer. Mais la drogue coûtait cher, et Clo n'avait pas d'argent. Elle avait volé cinq kilos d'héroïne à des dealers minables, en avait revendu un peu, en avait consommé beaucoup, et avait caché le reste chez le médecin.

– Elle est venue me voir il y a deux semaines, entre l'hôpital et la postcure, dit le médecin. Elle fuyait Paris, ses anciens collègues de défonce, son milieu pourri. Elle savait très bien que ceux à qui elle avait volé la drogue ne lui pardonneraient jamais, et que ses parents ne lâcheraient pas non plus le morceau, alors elle a fait une demande pour venir par ici en famille d'accueil. Elle a menti à l'hôpital lors de sa cure de sevrage, elle a menti en arrivant ici, elle a menti à ses parents, à moi. Elle a menti à ta famille aussi, Baptiste. Sans parler des mensonges invraisemblables qu'elle t'a servis pour justifier ses virées nocturnes. Comme je suis tenu par le secret médical, je ne peux pas te dire tout en ce qui la concerne, mais ce que je peux t'affirmer, c'est que sa mère n'est pas partie à l'autre bout du monde, que son père ne s'est pas noyé dans le travail, qu'elle n'a jamais mis les pieds en prison, et qu'aucun tueur n'est à ses trousses. Elle n'est pas non plus, à ma connaissance, enceinte. Ses parents ont remboursé le prix de la drogue aux trafiquants, en toute illégalité, pour lui éviter des problèmes. Ils ont dû hypothéquer leur maison pour le faire. Si ça arrive aux oreilles de la police, ils auront sans doute de graves ennuis. Ils ont enfreint la loi pour protéger leur fille en croyant l'aider, mais je ne suis pas sûr qu'ils aient aidé qui que ce soit.

Mon monde s'effondrait, brique après brique, bloc de ciment après bloc de ciment.

– La contrepartie, poursuivit le gynécologue, était qu'elle passe deux mois en foyer pour essayer d'arrêter l'héroïne. Mais, apparemment, elle n'en a jamais eu l'intention. Elle vous a menti et te voilà dans le collimateur des gendarmes à cause d'elle. Il serait peut-être temps de leur dire la vérité, non ?

– Et vous ? rétorquai-je. Vous avez caché de la drogue chez vous, vous avez accepté de l'aider en connaissance de cause, vous êtes donc son complice, vous aussi. Pourquoi ? Vous êtes amoureux d'elle ?

Roulez-Boulez éclata de rire, un grand rire chaleureux.

– Mais non, Baptiste, pas du tout. Je suis un grand ami de son père, même si on ne se voit plus très souvent maintenant qu'il habite à Paris. J'ai accepté de recevoir Clo parce que son père me l'a demandé. Elle m'a demandé des médicaments que j'ai refusé de lui prescrire, mais elle a dû se les procurer autrement. Vu qu'elle a laissé l'héroïne ici pendant deux semaines, elle avait un autre moyen de se droguer. Puis elle m'a rappelé hier matin pour me dire qu'on devait se voir de toute urgence. Dans le bar, elle m'a avoué qu'elle continuait de consommer de la drogue, qu'elle en avait acheté deux ou trois soirs de suite, mais que les dealers du coin n'en avaient plus. J'ai cru qu'elle voulait des médicaments, je lui ai dit que je ne ferais pas d'ordonnance, mais ce n'était pas ça du tout. Elle m'avait donné rendez-vous pour m'apprendre qu'il y avait de l'héroïne cachée dans les toilettes de ma salle d'attente.

Il soupira.

– Si ce n'était l'amitié que je porte à son père, j'aurais averti la police. Mais c'est un ami d'enfance, il m'a prié plus d'une fois de ne pas intervenir, de laisser faire le temps. J'ai dit à Clo de prendre sa merde et de s'en aller, mais elle a poussé la provocation jusqu'à s'enfermer dans les toilettes pour se shooter. Elle s'est piquée, je n'ai pas pu l'en empêcher. Voilà pourquoi elle avait l'air dans les vapes quand tu l'as rattrapée. Son attitude m'a tellement révolté que je n'ai pas fait attention au sac avant de retrouver l'emballage mouillé, une fois qu'elle était partie. Si j'avais su qu'elle emmenait tant de drogue, je serais intervenu. Je ne sais pas comment, mais je n'aurais pas laissé faire.

– Je veux bien un chocolat chaud maintenant, murmurai-je.

– D'accord, acquiesça le médecin. Pendant que je le prépare, toi, tu appelles la gendarmerie, sinon tu vas avoir de sérieux problèmes.

Je m'approchai du téléphone, mais ne parvins pas à soulever le combiné. Pas si facile de dénoncer quelqu'un, aussi menteur soit-il.

– Si je la dénonce, elle ira vraiment en prison cette fois, non ?

– Pas nécessairement. Cela dépendra d'elle. Et, de toute façon, le problème n'est pas là. Tu ne vas pas, toi, te faire condamner pour un crime que tu n'as pas commis ?

Pour Clo, si, je l'aurais fait.

– Tu l'aimes ? me demanda le médecin.

Je ne répondis pas. Il hocha la tête, lentement.

– Écoute, garçon. C'est à toi de décider, mais réfléchis bien. La consommation de l'héroïne, ou même de n'importe quel toxique qui n'est pas un médicament, est illégale. Tout comme la revente ou même la détention de ces produits. Et, comme tes parents sont responsables de ce qui se passe sous leur toit, ils risquent de gros ennuis. De plus, à court terme, Clo risque l'overdose chaque fois qu'elle se pique ; une dose trop forte et son cœur éclate. Si elle partage sa seringue, elle risque d'attraper le sida, maladie mortelle pour laquelle il n'y a toujours pas de vaccin. Elle risque également de se faire contaminer par tout un tas d'autres saloperies que je ne souhaiterais pas à mon pire ennemi. C'est ça que tu veux comme avenir pour la fille dont tu es amoureux ?

11

Il ne dit plus rien pendant de longues minutes, me tendit le chocolat, me regarda boire.

– Alors ? demanda Roulez-Boulez plusieurs éternités plus tard.

– Elle va me détester pour le restant de sa vie, me lamentai-je.

L'autre haussa les épaules.

– Ce n'est pas sûr, dit-il lentement. Elle n'est pas bête, elle peut comprendre. Un jour, qui sait, elle te remerciera. Pas tout de suite, c'est certain, mais un jour. Et puis, tu sais, tu peux peut-être trouver une copine plus accessible. Clo a quand même vingt-deux ans et une licence en histoire moderne.

Tous mes rêves s'écroulèrent à mes pieds, comme dans les dessins animés. Une grosse boule se coinça quelque part dans ma gorge. Je me sentais petit. Tout à fait ridicule. Je tendis la main vers le téléphone.

Le reste de l'histoire n'est pas vraiment important. En tout cas, moi, j'aime autant l'oublier. Roulez-Boulez me ramena chez les gendarmes, où mes parents ne tardèrent pas à nous rejoindre. Je laissai les explications au médecin, il faisait ça si bien. Les gendarmes revinrent avec Clo, qui avait essayé de se sauver avec la voiture de Mamie. Je n'osai même pas la regarder.

Mes parents discutèrent longuement avec Roulez-Boulez et avec l'éducatrice, convoquée dès le lendemain. Cette fois, je fus convié au débat. Les deux professionnels de la santé expliquèrent à mes parents, amers et déçus, que le seul moyen de savoir si quelqu'un se drogue est de lui faire une prise de sang. L'éducatrice se justifia en disant que pour le centre d'accueil, tout contrôle médical était écarté en faveur d'un climat de confiance.

Mes parents m'expliquèrent qu'ils n'avaient pas voulu me mettre au courant pour ne pas « fausser nos rapports ». C'était peut-être juste à cause de ça, mais j'avais aussi l'impression qu'ils n'en parlaient pas parce qu'ils avaient peur. Peur que ça déteigne sur moi, peur de briser le rêve dans lequel ils tentaient de m'élever, allez savoir. Peur d'admettre que, parfois, le cœur sur la main ne suffisait pas. En tout cas, ils admirent qu'ils avaient eu tort, que j'étais tout à fait en âge de comprendre, et que cela aurait évité pas mal de problèmes si j'avais su la vérité dès le début.

Je n'en suis pas si sûr. Aurait-ce été plus facile de la dénoncer simplement parce que je la savais toxicomane ?

Finalement, aucune charge ne fut retenue contre moi. Je retournai au collège et me noyai dans le travail, je n'avais jamais eu d'aussi bonnes notes. Ma mère commença son remplacement, Papa se débrouilla tout seul ou avec des amis pour la vente de l'essence. La vie reprit son rythme, et je passai mes nuits à rêver de Clo. Je pense que je ne la reverrai plus jamais. La dernière idée en date pour le garage, c'est d'embaucher une étudiante pour les week-ends et les vacances scolaires. J'ai peu d'espoir qu'elle soit aussi belle que Clo.

Puis, ce matin, le jour de mon anniversaire, j'ai reçu un paquet. Avec dedans deux kilos de bonbons et un mot :

Baptiste,

Je t'en ai voulu à mort. Me donner à la police, c'était quelque chose d'impardonnable. Puis j'ai réfléchi. Finalement, je pense que c'est toi qui avais raison. Je ne t'en veux plus. J'essaie de décrocher avant d'y laisser ma peau. Pense à moi de temps en temps, et ne me déteste pas trop. Clo.

P.S. Les bonbons sont pour que tu n'aies jamais envie, toi, de goûter à autre chose.

Mes parents me dirent que c'était sa façon à elle de me prévenir qu'on ne se reverrait plus, mais je n'en suis pas si sûr. Je crois, au contraire, qu'un jour, peut-être dans pas si longtemps, on se retrouvera, elle et moi, sur un pied d'égalité.

J'en suis même certain.

Si ce livre t'a plu,
lis ces quelques pages
du même auteur

Cauchemar-rail

n°5 de la collection

Extrait

Le plus étrange dans toute cette histoire était de tomber sur le vieil écritoire justement ce jour-là. Par la suite, Chloé se dit que c'était un signe. Quelqu'un (une intuition, un fantôme, allez savoir) lui avait pris la main pour qu'elle fouille dans l'armoire, pour qu'elle trouve l'écritoire, pour que la vérité éclate, enfin...

Mais qu'avait-elle découvert au juste ? Un écritoire. Une boîte en bois vernis qui s'ouvrait en deux pour former un genre de petite table d'écolier complète avec bouteilles d'encre (rouge et noire) et plumes prêtes à s'y tremper. C'était beau, comme un livre avant qu'il ne devienne papier, une histoire qui attendait de se faire écrire, une chose très vieille, plus vieille que l'imagination de Chloé, une chose venue d'ailleurs. Avec, dans l'espace réservé aux plumes, parmi ces ustensiles d'un autre temps, une médaille marquée 1944 et une balle. Pas une balle à jouer, bien sûr. Non, une balle que l'on tire, une balle d'arme à feu, de revolver, une vraie balle, légèrement cabossée, rayée, presque polie, comme si une main l'avait tournée et retournée entre ses doigts. Une balle qu'on avait glissée dans le barillet d'un revolver, avant de le faire claquer pour rentrer dans l'arme et prendre position. Puis un doigt s'était resserré autour de la détente et...

– Qu'est-ce que tu fais ?

La voix de son père. Blanche, comme on dit. Tellement tendue que le timbre en était changé. Chloé se retourna, surprise.

– Rien. Je cherchais une vieille paire de chaussettes, j'ai oublié mes chaussons et il me semblait en avoir vu ici. C'est quoi, ça ?

Elle brandit la balle, tenue entre pouce et index, et un timide rayon de soleil s'en empara pour la faire briller et rayonner comme une étoile. C'était plus beau encore. Chloé sourit.

Son père ne sourit pas. Il était blanc, plus que blanc. Gris, vert, toutes ces couleurs par lesquelles on passe quand on est sur le point de vomir ou quand on a si peur qu'on ne sait plus ce qu'on fait. Son regard était fixe, il donnait l'impression d'avoir cessé de respirer, de s'être transformé en une pierre froide et friable qu'un léger coup de vent suffirait à briser et à éparpiller pour toujours. Chloé eut soudain très peur.

– Papa ? Tu vas bien ?

– Range ça. Range ça tout de suite. Et n'y touche plus jamais, tu entends ? Plus jamais !

Sa voix était méconnaissable. Dure, froide, méchante. Plus que méchante. D'une agressivité sans limites, une voix de tueur... Chloé blêmit, un long frisson de peur remonta le long de sa colonne vertébrale, et elle hésita, perdue entre le désir d'obéir et la terreur de quitter son père des yeux. Sa main, tremblante, réussit à remettre la balle parmi les vieilles plumes de bois, elle referma l'écritoire, tourna la petite clef dorée et repoussa le tout au fond de l'armoire. Le visage de son père reprenait lentement ses couleurs.

– Écoute papa, je suis désolée, je...

Elle ne put finir sa phrase. Son père, tel un somnambule, se détourna et sortit de la chambre sans un mot.

Chloé attendit quelques secondes pour s'assurer qu'il était réellement parti, puis se laissa aller en arrière pour appuyer son dos contre l'armoire de la chambre d'amis. Alors, elle laissa s'échapper un long soupir.

Elle avait l'impression d'avoir échappé de justesse à une catastrophe... Pendant un court moment, il avait été près de la frapper, chose qui ne s'était jamais produite avant. Pendant quelques instants, elle s'était trouvée face à un total inconnu caché derrière le visage pourtant familier de son propre père.

Ses pensées revinrent à l'écritoire et à la mystérieuse balle. C'était quoi, exactement, cette petite chose qui mettait son père dans un état pareil, qui transformait un homme doux et plutôt rigolo en... tueur ? Chloé frissonna de nouveau. Les choses n'étaient pas faciles depuis le divorce. Ses parents se retranchaient chacun derrière leur conviction d'être mieux que l'autre, d'avoir raison, forcément. Le dialogue s'estompait pour devenir non-dit pesant. Tout le monde faisait semblant de croire que tout allait bien dans le meilleur des mondes... Et Chloé était de plus en plus malheureuse. En secret. En public, elle jouait le même jeu qu'eux tous parce qu'elle n'avait toujours pas compris le pourquoi de cette séparation subite après quinze ans de mariage. Même Séverine n'y comprenait rien :

– Ils se disputaient ?

– Non, pas du tout. Enfin, comme tous les parents, quoi, juste pour des conneries.

– Il avait peut-être une maîtresse, ton père ?

– Tu plaisantes ? Même encore aujourd'hui, il ne supporte aucune autre femme dans la maison. Tu te rends compte, celle qui vient faire le ménage et les courses, il ne la voit jamais !

– Alors, ta mère ? Elle n'a pas de petit copain ?

– Non plus. Elle passe son temps à ranger l'appart, à lessiver les murs et la moquette, et des fois, la nuit, je l'entends pleurer.

– Demande-le-leur dans ce cas.

– Parce que tu crois que je ne l'ai pas fait ? Silence radio, c'est tout ce que j'ai obtenu comme réponse. Des « tu comprendras plus tard », des « ce sont des histoires de grands », aucune véritable réponse.

Mais à présent, Chloé détenait peut-être un indice. Et si la balle y était pour quelque chose ? Si l'un des deux était l'auteur d'un crime, d'un meurtre ? Et si Chloé était, sans le savoir, la fille d'un assassin ?

– Dépêche-toi, papa, on va louper le train !

Elle l'entendait à l'étage : troisième visite à la salle de bains en l'espace de cinq minutes. Encore un prétexte pour retarder le départ.

Le monde à l'envers, se dit Chloé. Petite, c'était elle qui faisait tourner ses parents en bourrique, elle qui avait besoin de faire pipi trois fois de suite, surtout lorsqu'il s'agissait d'aller rendre visite à la grand-mère Zazou qui était trop vieille et barbue, et qui, de plus, sentait mauvais. Et alors ses parents, debout devant la porte d'entrée, trépignaient d'impatience. « Dépêche-toi, Chloé, on sera en retard ! » Dire qu'il avait suffi d'un simple divorce pour renverser les rôles !

Enfin, divorce pas tellement simple, en fait. Rien n'était simple dans un divorce. Ça tiraillait dans tous les sens, ça se jalousait, ça se disputait pour un rien, de vrais gamins de maternelle ! Depuis deux heures, il essayait de se rattraper pour sa réaction du début d'après-midi. Il l'abreuvait de blagues pas drôles, était aux petits soins au moment du goûter (« Tu es sûre que ton chocolat est assez chaud, chérie ? »), tentait de lui faire oublier par tous les moyens l'importance de sa découverte. *Une balle ? Quelle balle ?*

Et Chloé le laissait faire. Par habitude. Par pitié, aussi.

– Papa ! On sera en retard ! Le train n'attendra pas !

Il lui avait déjà fait le coup du : « Tu ne veux pas rester une nuit de plus ? Rien ne presse. » Bientôt, ce serait : « Mais pourquoi diable a-t-il fallu qu'elle déménage à Toulouse, ta mère ? »

– De toute façon, grommela son père en

descendant l'escalier à contrecœur, je ne comprends absolument pas ce qui a poussé ta mère à s'installer à Toulouse. Elle complique la vie de tout le monde, sans parler de ta scolarité ! Si encore c'était pour un travail !

Chloé soupira.

Premier commandement : Ne pas rentrer dans leurs histoires.

Facile à dire. De toute façon, et quoi qu'elle fasse, elle avait tort. Quand elle défendait sa mère, son père se mettait en colère. Quand elle ne disait rien, elle se faisait traiter d'indifférente, d'insensible, d'égoïste. Sa mère n'était guère mieux. Parfois, Chloé se disait qu'ils s'aimaient toujours autant qu'au premier jour mais qu'ils étaient prisonniers d'une spirale maléfique, d'un jeu de miroirs pervers qui les empêchaient de se voir, de comprendre. D'un secret inavouable.

– Tu as pris ton sac ? demanda son père au moment de refermer la porte.

– Dans la voiture.

Elle faillit ajouter : « Depuis une heure » mais se retint.

Deuxième commandement : Ne pas jeter d'huile sur le feu.

Les dix commandements de l'enfant de divorcés. C'était Séverine, sa meilleure amie, qui lui en avait parlé, qui en était l'auteur. Le jour où, catastrophée, Chloé avait annoncé le DRAME. Depuis, Séverine lui tenait lieu de conseillère ès divorces. Certes, elle était spécialiste : sa mère en était à son troisième !

Chloé monta dans la 505 que son père s'évertua à manier avec une lenteur cadavérique. Elle jeta un coup d'œil (très appuyé) à sa montre.

– Le train part dans exactement quatre minutes, dit-elle. Si je le rate, t'es bon pour un aller-retour Cahors-Toulouse dans la soirée.

– Impossible, chérie. Je vais dîner chez les Stevensen, je ne peux absolument pas décommander. J'aurais beaucoup aimé que tu puisses m'y accompagner, d'ailleurs...

Comme si elle ne le savait pas. Pour rien au monde il ne manquerait ce dîner chez son nouveau boss. La menace, d'ailleurs, eut l'effet escompté : son père lança la voiture dans la circulation, pied enfoncé sur l'accélérateur, volant tournant comme une roue de vélo en pleine descente de L'Alpe-d'Huez, feu rouge carrément grillé. La gare de Cahors en ligne de mire, au bout de la rue, quatre minutes montre en main.

Chloé s'éjecta du véhicule, envoya un vague baiser en direction du chauffeur et traversa le hall désert comme si toute la police de Cahors était à ses trousses.

De l'autre côté des portes en verre, elle voyait le train, encore arrêté au bord du quai. Elle eut l'impression de ne voir que lui.

Par la suite, elle se dit qu'effectivement elle avait aussi remarqué que l'heure affichée par l'horloge de la gare ne correspondait pas à celle de sa montre. Elle s'était même dit, pensée rapide, que, d'après l'horloge de la gare, le train était déjà parti depuis trois bonnes minutes. Elle avait également noté le hall désert alors que, d'habitude, les passagers en provenance de Brive, Limoges, voire Paris, le remplissaient toujours au moment où elle-même arrivait pour prendre la direction de Toulouse. L'absence de contrôleur, aussi. Personne sur le quai à qui poser des questions. Et toutes les vitres du train obscurcies par des affiches portant, en gros, des titres qu'elle ne tenta pas de déchiffrer sur le moment. Des dates, lui semblait-il.

Elle enregistra tout cela, bien sûr, mais son cerveau surchauffé refusa de traiter les informations et lui envoya un seul et unique message qui clignotait devant ses yeux : monter dans le train avant qu'il ne parte.

Chloé monta dans le train. Referma la

portière, s'adossa contre la paroi, haletante. Tenta de reprendre son souffle.

Un sifflet résonna au loin.

Le train s'ébranla, prit de la vitesse.

Chloé sourit. Elle l'avait eu. Juste !

Si seulement elle avait su.

Le divorce, vieux de plus d'un an, était encore présent dans tous les esprits, et surtout dans celui de Chloé. Beaucoup trop présent. Il lui envahissait la tête au moment des contrôles de maths, l'empêchait de s'endormir le soir.

Trop présent pour qu'elle puisse en parler, poser à haute voix les questions qui l'obsédaient en silence, jour et nuit. Parce qu'il y avait quelque chose de bizarre dans ce divorce, comme un puzzle auquel il manquait un morceau, un gros trou à l'intérieur d'une histoire, un livre avec des pages arrachées.

Un dimanche de fin d'hiver, ils étaient allés manger chez la grand-mère Zazou, Chloé avait traîné les pieds au moment de partir, avait embrassé avec plus ou moins de dégoût cette vieille femme poilue et malodorante. C'était sa grand-mère, elle le savait bien, mais la grand-mère Zazou n'était pas une grand-mère comme les autres. Elle ne faisait ni confitures ni gâteaux et vivait dans une très vieille maison remplie de photos en noir et blanc, et, quand elle avait bu un verre ou deux de vin, elle parlait très fort et récitait des listes de noms. Alors les parents de Chloé s'empressaient de s'en aller, son père vaguement honteux parce que c'était quand même sa mère, la mère de Chloé pratiquement au bord des larmes. Un jour, après un dimanche particulièrement pénible, Chloé avait demandé :

– Mais pourquoi on y va, puisqu'elle fait toujours la même chose ?

Son père avait haussé les épaules.

– Parce que c'est ma mère. Ta grand-mère.

– Alors dites-lui d'arrêter, sinon on n'ira plus.

Gros soupir paternel.

– Ce n'est pas si facile, Chloé. Elle reste ma mère, et une mère, c'est sacré.

Chloé n'était pas du tout d'accord. Enfin, pas dans ce sens-là. Si la famille était sacrée, c'était justement une raison de plus pour parler ouvertement de tout ce qui la mettait en danger.

Plus facile à dire qu'à faire, apparemment, Chloé en avait fait l'expérience. Notamment le jour du DRAME quand, en rentrant de chez la grand-mère Zazou, ses parents, blancs comme des spectres, lui avait annoncé la chose. Ce jour-là, malgré sa volonté d'aller jusqu'au bout des problèmes, elle n'avait rien dit du tout. Trop abasourdie.

Une annonce froide, dépourvue de sentiments, raide et impersonnelle comme un communiqué de presse. *Nous avons décidé de nous séparer.* Dix minutes plus tard, sa mère partait, valise à la main. La semaine suivante, elle emménageait dans l'appartement de Toulouse.

Pourquoi ?

Mystère.

Aucune dispute, aucune tension particulière, aucun sujet de désaccord. Juste l'après-midi passé chez la grand-mère Zazou qui criait des noms les uns après les autres et sa mère, tout d'un coup debout, blanche, qui dit :

– Répétez ce que vous venez de dire.

Même la grand-mère Zazou avait été ébranlée par le ton de cette voix. La vieille femme s'était tue, et puis...

Chloé ne se souvenait plus très bien. C'était il y a deux ans, elle était encore petite...

La semaine suivante, la grand-mère Zazou s'était tuée en tombant dans l'escalier. Le jour de leur déménagement, si elle s'en souvenait bien.

Chloé attendit que son souffle se calme, ramassa son sac et pénétra dans le premier compartiment venu. Elle fut surprise de constater que le train était différent de celui qu'elle avait l'habitude de prendre, sans séparation, avec des sièges en plastique orange. Non, ce train-ci paraissait beaucoup plus vieux. Le wagon était divisé en compartiments à huit places et les sièges recouverts de velours rouge, comme dans ce film policier qu'elle avait regardé chez Séverine : *Le Crime de l'Orient-Express.* Elle avait l'impression de faire un voyage dans le temps.

Et ce n'était pas tout ! Le sol, les sièges, chaque centimètre carré du compartiment étaient jonchés de papiers d'emballage, d'os de poulet, de morceaux de pâté, de tranches de tomate, d'œufs durs, comme si un régiment affamé y avait pique-niqué. Chloé fit une grimace de dégoût. Quelle horreur ! Elle n'allait quand même pas s'asseoir dans une poubelle pareille ! D'un autre côté, le compartiment était vide, et Chloé n'avait pas envie de subir la conversation triste d'un grand-père (ou d'une grand-mère) en manque de jeunesse. Elle en avait déjà assez avec sa propre grand-mère maternelle qui lui adressait des regards larmoyants dont elle se serait bien passée. À quatorze ans, Chloé se sentait tout à fait capable de gérer la situation. Bien plus capable que les premiers protagonistes !

Alors ? Compartiment sale mais voyage solitaire ou compartiment propre et compagnons de route indésirables ? Elle jeta un coup d'œil le long du couloir. Personne en vue, mais un bruit de conversation animée et pas très éloignée.

Chloé opta pour la solitude.

Elle entra dans le dépôt d'ordures, posa son sac tout en haut sur le porte-bagages, et se mit à nettoyer.

Un coup de mouchoir en papier pour dégager les sièges de velours, un raclement de Doc pour ramener le tout vers le milieu du sol, puis, le nez froissé de dégoût, Chloé transféra les déchets dans une poche en plastique trouée mais qui, étant donné les circonstances, était mieux que rien.

L'amélioration était évidente !

Chloé essuya avec un soin redoublé le siège du fond, près de la fenêtre, puis s'y installa. Elle se laissa choir dans le tissu doux et frais, ferma à moitié les yeux. Après tant d'émotions, elle avait mérité un peu de repos !

Elle commençait à en vouloir à son père d'avoir failli lui faire rater le train. C'était facile pour lui. « Reste une nuit de plus, chérie. Tu prendras le train demain matin. » Tout comme maman, le vendredi soir : « Tu ne vas pas partir tout de suite, mon ange ! T'es épuisée ! On n'est pas à une nuit près ! » Non, bien sûr, ni l'un ni l'autre n'était à une nuit près. Mais la nuit de plus (ou de moins) était toujours dans le même sens. Volée à l'autre. Au détriment des accords. Et d'abord, c'était eux qui l'avaient instauré, le système des week-ends. Personnellement, Chloé n'avait rien demandé. C'était eux qui l'avaient voulu, qu'ils assument !

Troisième commandement : Respecter scrupuleusement les accords passés.

Le bruit de voix devint plus fort tout d'un coup, comme si une dispute venait d'éclater.

Pourvu qu'elle ne soit pas tombée avec une bande de hooligans à moitié bourrés qui rentraient d'un match perdu par la faute de l'arbitre !

Chloé s'efforça de rester calme. Il ne s'agissait certainement que d'un groupe de copains un peu excités par leur voyage. Et, de toute façon, ils étaient dans un autre compartiment. Il n'y avait aucune raison pour qu'ils viennent l'importuner. Elle regarda sa montre. Plus que quelques minutes avant Montauban. Peut-être que les fêtards s'apprêtaient tout simplement à descendre du train.

Chloé ferma les yeux.

Puis les ouvrit, alertée par un bruit familier.

À travers les vitres obscurcies par les affiches collées à l'envers, elle reconnut les lumières brillantes de la gare de Montauban. Les lumières qui défilaient à vitesse stroboscopique.

Puis, plus rien. Le noir.

Le train venait de dépasser la gare de Montauban sans s'arrêter !

Chloé fronça les sourcils. Il y avait autre chose dont elle se souvenait, pourtant. Un vague souvenir, flou comme les montagnes recouvertes de brume. Un cimetière en hiver, un grand cercueil de bois foncé, des gens, tout habillés de noir, sauf les hommes qui, eux, arboraient des uniformes et des saluts militaires. C'était l'enterrement du grand-père Zazou, le mari de la grand-mère Zazou. Le père de son papa venait de mourir, et tous ses amis de l'armée étaient venus en grande pompe pour le saluer. Un enterrement normal, un brin spectaculaire, mais les adultes aiment bien ce genre de mise en scène. Alors, en quoi ce souvenir était-il gênant ? Chloé ne le savait pas, au juste, mais elle savait qu'il y avait quelque chose, au loin, à la lisière de sa conscience, qui n'était pas à sa place.

Ses pensées revinrent à l'écritoire. À qui appartenait-il ? Pas à ses parents, c'était sûr, ils avaient déjà les stylos à cartouche à l'époque où ils apprenaient à écrire. À un grand-parent, sans doute, mais lequel ? Et que faisait une balle de revolver dans une boîte qui devait surtout servir pour le courrier ? Peut-être pourrait-elle en parler à sa grand-mère maternelle, mais celle-ci avait tendance à perdre la tête ces derniers temps et Chloé avait besoin de réponses précises. Cela dit, sa grand-mère saurait peut-être à qui appartenait l'écritoire.

Chloé se rappela le bois noir, l'odeur du vieux papier qui s'était échappée de la boîte quand elle l'avait ouverte, un parfum lourd de secrets. Elle aurait bien aimé l'examiner plus en détail, vérifier qu'il n'y eût pas d'autres petits tiroirs contenant des balles de revolver. Elle se concentra de nouveau sur le souvenir flou de tous ces vieux messieurs en uniforme serrés autour de la tombe de son grand-père. Pourquoi pensait-elle à ça justement aujourd'hui ? Y avait-il un lien entre son grand-père et l'écritoire ?

Impossible de le savoir, pour l'instant. Chloé ne s'était jamais particulièrement intéressée à la vie de ses grands-parents et ce n'était pas un sujet dont on discutait dans la famille. Autrefois, d'après sa grand-mère maternelle, à la fin de la journée, petits et grands se pressaient autour du feu, et les plus anciens racontaient l'histoire de leur vie, de la vie du pays, des guerres, des rois, des révolutions. Aujourd'hui, en tout cas depuis la naissance de Chloé, et dans sa famille à elle, à la fin de la journée, petits et grands se réunissaient autour de la télévision, dans un grand silence respectueux, et y restaient jusqu'à ce que sommeil s'ensuive. Les grands-parents ne racontaient plus que leurs maladies et douleurs diverses ; les petits, du coup, s'ennuyaient ferme, la tension montait, le fossé se creusait. Parfois, Chloé se sentait étrangement nostalgique d'une époque qu'elle n'avait jamais connue, et des images idéales de familles parfaites, plusieurs générations réunies autour d'une grande table en pleine campagne, envahissaient son esprit d'enfant coupé de ses racines par l'intrusion des technologies modernes. Quel grand-père, aussi bon conteur fût-il, faisait le poids face à Walt Disney ?

Le train franchit un passage à niveau, et la vibration accentuée la tira de sa rêverie. Il faudrait qu'elle se renseigne, à la fois pour le grand-père et l'écritoire, mais en attendant, elle aimerait bien savoir ce qui se passait à bord de ce train bizarre.

souris Noire

Dans la même collection

Achevé d'imprimer sur Cameron
par Bussière Camedan Imprimeries
à Saint-Amand-Montrond
Conception graphique couverture :
Didier Thimonier
Dessin de la Souris noire : Lewis Trondheim
Typo dessinée par Anne Ladevie
Dépôt légal : février 1998
Numéro d'impression : 981335/1
ISBN : 2-84146-540-3
Loi n° 49.956 du 16 juillet 1949
sur les publications destinées à la jeunesse